PLUMBERS
WORK PROJECT
Checklist Logbook

- ✓ Daily & Weekly job logsheets
- ✓ Versatile and comprehensive
- ✓ Maintenance & Inventory Log sheets

 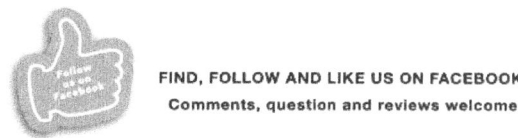

FIND, FOLLOW AND LIKE US ON FACEBOOK!
Comments, question and reviews welcome

A BIG THANK YOU FOR SUPPORTING INDEPENDANT PUBLISHING
WE HOPE YOU ARE HAPPY WITH YOUR PURCHASE

REVIEWS ARE IMPORTANT!

Your feedback and comments are greatly appreciated
on Facebook and Amazon. Both help us bring the best to you
and our customers. A few seconds of your valuable time would mean
a huge difference to helping us maintain quality standards
Thank you!

For a great selection of practical and entertaining publications such as hobby journals, logbooks, planners and diaries as well as colouring, puzzle and activity books for all ages see our complete catalogue.

Why not Subscribe to our monthly Newsletter?

We promise it to be spam free
and contain only informative
news and updates on all our
latest releases and Editor
monthly recommendations.

SIMPLY SCAN THE QR CODE

Copyright jaymcdesignbooks 2022

DATE: **DAY:** M T W T F S S

Job details:

Materials:	Equipment:	Costs:

Hours total: **Overtime**

CLIENT DETAILS

Name:

Address:

Phone: **Email:**

Est. Job Costs

Notes:

DATE:	DAY: M T W T F S S

Job details:

Materials:	Equipment:	Costs:

Hours total:	Overtime

CLIENT DETAILS

Name:

Address:

Phone: **Email:**

Est. Job Costs

Notes:

DATE: **DAY:** M T W T F S S

Job details:

Materials:	**Equipment:**	**Costs:**

Hours total: **Overtime**

CLIENT DETAILS

Name:

Address:

Phone: **Email:**

Est. Job Costs

Notes:

DATE:	DAY:	M T W T F S S

Job details:

Materials:	Equipment:	Costs:

Hours total:	Overtime

CLIENT DETAILS

Name:

Address:

Phone:　　　　　　　　　**Email:**

Est. Job Costs

Notes:

DATE: **DAY:** M T W T F S S

Job details:

Materials:	**Equipment:**	**Costs:**

Hours total: **Overtime**

CLIENT DETAILS

Name:

Address:

Phone: **Email:**

Est. Job Costs

Notes:

| DATE: | DAY: M T W T F S S |

Job details:

| Materials: | Equipment: | Costs: |

| Hours total: | Overtime |

CLIENT DETAILS

Name:

Address:

Phone: **Email:**

Est. Job Costs

Notes:

DATE: **DAY:** M T W T F S S

Job details:

Materials:	**Equipment:**	**Costs:**

Hours total:	**Overtime**

CLIENT DETAILS

Name:

Address:

Phone: **Email:**

Est. Job Costs

Notes:

DATE: **DAY:** M T W T F S S

Job details:

Materials:	**Equipment:**	**Costs:**

Hours total: **Overtime**

CLIENT DETAILS

Name:

Address:

Phone: **Email:**

Est. Job Costs

Notes:

DATE:	DAY:	M T W T F S S

Job details:

Materials:	Equipment:	Costs:

Hours total:	Overtime

CLIENT DETAILS

Name:

Address:

Phone:　　　　　　　　　**Email:**

Est. Job Costs

Notes:

DATE: **DAY:**   M   T   W   T   F   S   S

Job details:

Materials:	Equipment:	Costs:

Hours total:	Overtime

CLIENT DETAILS

Name:

Address:

Phone: **Email:**

Est. Job Costs

Notes:

DATE:	DAY:	M T W T F S S

Job details:

Materials:	Equipment:	Costs:

Hours total:	Overtime

CLIENT DETAILS

Name:

Address:

Phone: **Email:**

Est. Job Costs

Notes:

DATE: **DAY:** M T W T F S S

Job details:

Materials: **Equipment:** **Costs:**

Hours total: **Overtime**

CLIENT DETAILS

Name:

Address:

Phone: **Email:**

Est. Job Costs

Notes:

DATE: **DAY:** M T W T F S S

Job details:

Materials:	**Equipment:**	**Costs:**

Hours total: **Overtime**

CLIENT DETAILS

Name:

Address:

Phone: **Email:**

Est. Job Costs

Notes:

DATE: **DAY:** M T W T F S S

Job details:

Materials:	**Equipment:**	**Costs:**

Hours total:	**Overtime**

CLIENT DETAILS

Name:

Address:

Phone: **Email:**

Est. Job Costs

Notes:

DATE:		DAY:	M T W T F S S

Job details:

Materials:	Equipment:	Costs:

Hours total:	Overtime

CLIENT DETAILS

Name:

Address:

Phone: **Email:**

Est. Job Costs

Notes:

DATE: **DAY:** M T W T F S S

Job details:

Materials:	**Equipment:**	**Costs:**

Hours total:	**Overtime**

CLIENT DETAILS

Name:

Address:

Phone: **Email:**

Est. Job Costs

Notes:

DATE: **DAY:**   M   T   W   T   F   S   S

Job details:

Materials:	Equipment:	Costs:

Hours total:	Overtime

CLIENT DETAILS

Name:

Address:

Phone: **Email:**

Est. Job Costs

Notes:

DATE: **DAY:** M T W T F S S

Job details:

Materials: **Equipment:** **Costs:**

Hours total: **Overtime**

CLIENT DETAILS

Name:

Address:

Phone:　　　　　　　　　**Email:**

Est. Job Costs

Notes:

| DATE: | DAY: | M T W T F S S |

Job details:

Materials: | **Equipment:** | **Costs:**

Hours total: | **Overtime**

CLIENT DETAILS

Name:

Address:

Phone: **Email:**

Est. Job Costs

Notes:

DATE: **DAY:** M T W T F S S

Job details:

Materials:	Equipment:	Costs:

Hours total:	Overtime

CLIENT DETAILS

Name:

Address:

Phone: **Email:**

Est. Job Costs

Notes:

DATE: **DAY:** M T W T F S S

Job details:

Materials: **Equipment:** **Costs:**

Hours total: **Overtime**

CLIENT DETAILS

Name:

Address:

Phone: **Email:**

Est. Job Costs

Notes:

DATE: **DAY:** M T W T F S S

Job details:

Materials:	**Equipment:**	**Costs:**

Hours total: **Overtime**

CLIENT DETAILS

Name:

Address:

Phone: **Email:**

Est. Job Costs

Notes:

DATE: **DAY:**   M   T   W   T   F   S   S

Job details:

Materials:	Equipment:	Costs:

Hours total:	Overtime

CLIENT DETAILS

Name:

Address:

Phone: **Email:**

Est. Job Costs

Notes:

DATE: **DAY:** M T W T F S S

Job details:

| **Materials:** | **Equipment:** | **Costs:** |

Hours total: **Overtime**

CLIENT DETAILS

Name:

Address:

Phone: **Email:**

Est. Job Costs

Notes:

DATE:	DAY: M T W T F S S

Job details:

Materials:	Equipment:	Costs:

Hours total:	Overtime

CLIENT DETAILS

Name:

Address:

Phone:					**Email:**

Est. Job Costs

Notes:

DATE: **DAY:** M T W T F S S

Job details:

Materials:	**Equipment:**	**Costs:**

Hours total:	**Overtime**

CLIENT DETAILS

Name:

Address:

Phone: **Email:**

Est. Job Costs

Notes:

DATE: **DAY:** M T W T F S S

Job details:

Materials:	**Equipment:**	**Costs:**

Hours total:	**Overtime**

CLIENT DETAILS

Name:

Address:

Phone: **Email:**

Est. Job Costs

Notes:

DATE: **DAY:** M T W T F S S

Job details:

Materials:	**Equipment:**	**Costs:**

Hours total: **Overtime**

CLIENT DETAILS

Name:

Address:

Phone:　　　　　　　　**Email:**

Est. Job Costs

Notes:

DATE:		DAY:	M T W T F S S

Job details:

Materials:	Equipment:	Costs:

Hours total:	Overtime

CLIENT DETAILS

Name:

Address:

Phone: **Email:**

Est. Job Costs

Notes:

DATE: **DAY:** M T W T F S S

Job details:

| **Materials:** | **Equipment:** | **Costs:** |

Hours total: **Overtime**

CLIENT DETAILS

Name:

Address:

Phone: **Email:**

Est. Job Costs

Notes:

DATE:	DAY: M T W T F S S

Job details:

Materials:	Equipment:	Costs:

Hours total:	Overtime

CLIENT DETAILS

Name:

Address:

Phone: **Email:**

Est. Job Costs

Notes:

DATE: **DAY:** M T W T F S S

Job details:

Materials:	**Equipment:**	**Costs:**

Hours total:	**Overtime**

CLIENT DETAILS

Name:

Address:

Phone: **Email:**

Est. Job Costs

Notes:

DATE:	DAY:	M T W T F S S

Job details:

Materials:	Equipment:	Costs:

Hours total:	Overtime

CLIENT DETAILS

Name:

Address:

Phone: **Email:**

Est. Job Costs

Notes:

DATE: **DAY:** M T W T F S S

Job details:

Materials:	**Equipment:**	**Costs:**

Hours total: **Overtime**

CLIENT DETAILS

Name:

Address:

Phone: **Email:**

Est. Job Costs

Notes:

DATE: **DAY:** M T W T F S S

Job details:

Materials: **Equipment:** **Costs:**

Hours total: **Overtime**

CLIENT DETAILS

Name:

Address:

Phone: **Email:**

Est. Job Costs

Notes:

DATE:		DAY:	M T W T F S S

Job details:

Materials:	**Equipment:**	**Costs:**

Hours total:	**Overtime**

CLIENT DETAILS

Name:

Address:

Phone: **Email:**

Est. Job Costs

Notes:

DATE: **DAY:** M T W T F S S

Job details:

Materials: **Equipment:** **Costs:**

Hours total: **Overtime**

CLIENT DETAILS

Name:

Address:

Phone: **Email:**

Est. Job Costs

Notes:

DATE: **DAY:** M T W T F S S

Job details:

Materials:	**Equipment:**	**Costs:**

Hours total:	**Overtime**

CLIENT DETAILS

Name:

Address:

Phone: **Email:**

Est. Job Costs

Notes:

DATE: **DAY:**   M   T   W   T   F   S   S

Job details:

Materials:	Equipment:	Costs:

Hours total:	Overtime

CLIENT DETAILS

Name:

Address:

Phone: **Email:**

Est. Job Costs

Notes:

DATE: **DAY:** M T W T F S S

Job details:

Materials:	**Equipment:**	**Costs:**

Hours total:	**Overtime**

CLIENT DETAILS

Name:

Address:

Phone: **Email:**

Est. Job Costs

Notes:

DATE: **DAY:** M T W T F S S

Job details:

Materials: **Equipment:** **Costs:**

Hours total: **Overtime**

CLIENT DETAILS

Name:

Address:

Phone: **Email:**

Est. Job Costs

Notes:

DATE: **DAY:** M T W T F S S

Job details:

Materials:	Equipment:	Costs:

Hours total: **Overtime**

CLIENT DETAILS

Name:

Address:

Phone: **Email:**

Est. Job Costs

Notes:

DATE: **DAY:** M T W T F S S

Job details:

Materials: **Equipment:** **Costs:**

Hours total: **Overtime**

CLIENT DETAILS

Name:

Address:

Phone: **Email:**

Est. Job Costs

Notes:

| DATE: | DAY: | M T W T F S S |

Job details:

| Materials: | Equipment: | Costs: |

| Hours total: | Overtime |

CLIENT DETAILS

Name:

Address:

Phone: **Email:**

Est. Job Costs

Notes:

DATE: **DAY:** M T W T F S S

Job details:

Materials:	**Equipment:**	**Costs:**

Hours total:	**Overtime**

CLIENT DETAILS

Name:

Address:

Phone: **Email:**

Est. Job Costs

Notes:

DATE: **DAY:** M T W T F S S

Job details:

Materials: **Equipment:** **Costs:**

Hours total: **Overtime**

CLIENT DETAILS

Name:

Address:

Phone: **Email:**

Est. Job Costs

Notes:

DATE: **DAY:** M T W T F S S

Job details:

Materials: **Equipment:** **Costs:**

Hours total: **Overtime**

CLIENT DETAILS

Name:

Address:

Phone: **Email:**

Est. Job Costs

Notes:

DATE: **DAY:**   M   T   W   T   F   S   S

Job details:

Materials:	Equipment:	Costs:

Hours total:	Overtime

CLIENT DETAILS

Name:

Address:

Phone: **Email:**

Est. Job Costs

Notes:

DATE: **DAY:** M T W T F S S

Job details:

Materials:	**Equipment:**	**Costs:**

Hours total:	**Overtime**

CLIENT DETAILS

Name:

Address:

Phone: **Email:**

Est. Job Costs

Notes:

DATE: **DAY:** M T W T F S S

Job details:

Materials:	**Equipment:**	**Costs:**

Hours total: **Overtime**

CLIENT DETAILS

Name:

Address:

Phone: **Email:**

Est. Job Costs

Notes:

DATE: **DAY:**   M   T   W   T   F   S   S

Job details:

Materials:	Equipment:	Costs:

Hours total:	Overtime

CLIENT DETAILS

Name:

Address:

Phone: **Email:**

Est. Job Costs

Notes:

DATE:	DAY:	M T W T F S S

Job details:

Materials:	Equipment:	Costs:

Hours total:	Overtime

CLIENT DETAILS

Name:

Address:

Phone: **Email:**

Est. Job Costs

Notes:

DATE:	DAY: M T W T F S S

Job details:

Materials:	Equipment:	Costs:

Hours total:	Overtime

CLIENT DETAILS

Name:

Address:

Phone: **Email:**

Est. Job Costs

Notes:

DATE:	DAY:	M T W T F S S

Job details:

Materials:	Equipment:	Costs:

Hours total:	Overtime

CLIENT DETAILS

Name:

Address:

Phone:　　　　　　　　**Email:**

Est. Job Costs

Notes:

DATE: **DAY:** M T W T F S S

Job details:

Materials: **Equipment:** **Costs:**

Hours total: **Overtime**

CLIENT DETAILS

Name:

Address:

Phone: **Email:**

Est. Job Costs

Notes:

DATE: **DAY:** M T W T F S S

Job details:

Materials:	**Equipment:**	**Costs:**

Hours total:	**Overtime**

CLIENT DETAILS

Name:

Address:

Phone: **Email:**

Est. Job Costs

Notes:

DATE: **DAY:** M T W T F S S

Job details:

Materials:	**Equipment:**	**Costs:**

Hours total: **Overtime**

CLIENT DETAILS

Name:

Address:

Phone: **Email:**

Est. Job Costs

Notes:

DATE: **DAY:** M T W T F S S

Job details:

Materials:	**Equipment:**	**Costs:**

Hours total: **Overtime**

CLIENT DETAILS

Name:

Address:

Phone: **Email:**

Est. Job Costs

Notes:

DATE: **DAY:** M T W T F S S

Job details:

Materials: **Equipment:** **Costs:**

Hours total: **Overtime**

CLIENT DETAILS

Name:

Address:

Phone: **Email:**

Est. Job Costs

Notes:

DATE: **DAY:** M T W T F S S

Job details:

Materials:	**Equipment:**	**Costs:**

Hours total: **Overtime**

CLIENT DETAILS

Name:

Address:

Phone: **Email:**

Est. Job Costs

Notes:

DATE:	DAY:	M T W T F S S

Job details:

Materials:	Equipment:	Costs:

Hours total:	Overtime

CLIENT DETAILS

Name:

Address:

Phone: **Email:**

Est. Job Costs

Notes:

| **DATE:** | **DAY:** | M T W T F S S |

Job details:

| **Materials:** | **Equipment:** | **Costs:** |

| **Hours total:** | **Overtime** |

CLIENT DETAILS

Name:

Address:

Phone: **Email:**

Est. Job Costs

Notes:

Printed in Great Britain
by Amazon